Le premier tunnel ferroviaire

Dans les années 1850, des sociétés privées se lancent dans la construction de chemins de fer. Alfred Escher, politicien et entrepreneur zurichois, est le président des Chemins de fer du Nord-Est. Pour les financer, il fonde en 1856 le Crédit Suisse. Escher pense d'abord à faire passer un chemin de fer alpin par le col du Lukmanier, mais opte finalement pour la variante par le Saint-Gothard. Il devient président de la Société du chemin de fer du Saint-Gothard. Des fonds privés financent en grande partie la construction du chemin de fer. L'ingénieur genevois Louis Favre se voit confier la mission de construire le tunnel entre Göschenen et Airolo, long de 15 kilomètres.

1872 Les travaux commencent à Airolo, puis peu après à Göschenen. Les trous de mine sont creusés à l'aide de perforatrices à air comprimé puis remplis de dynamite. La fumée, la chaleur et les infiltrations d'eau rendent le travail difficile.

1875 Les ouvriers occupent l'entrée du tunnel à Göschenen. Ils protestent contre les mauvaises conditions de travail, l'insalubrité de l'hébergement et la cherté de la vie. Une milice chargée de rétablir l'ordre tire sur les manifestants. Quatre ouvriers périssent.

1880 Le forage est achevé après sept années de travaux. Par l'ouverture dans la roche, les mineurs font passer une photo de Louis Favre, mort d'un infarctus lors d'une visite sur le chantier l'été précédent. Le tunnel comporte deux tubes.
   Les ponts et les tunnels hélicoïdaux des rampes d'accès sont tout aussi impressionnants que le tunnel lui-même, long de 15 kilomètres. Sur le célèbre trajet menant à Wassen, les voyageurs s'amusent de voir trois fois l'église du village, en raison du tracé particulier de la ligne.

1882 À son ouverture, le tunnel de faîte du Saint-Gothard est le plus long tunnel ferroviaire du monde. La Société du chemin de fer du Saint-Gothard assure la liaison entre Immensee et Chiasso dès le 1er juin. Jusqu'à 32 trains circulent alors chaque jour par le tunnel du Saint-Gothard, puis le trafic augmente rapidement. Pour dissiper la fumée des locomotives à vapeur, on construit un système d'aération en 1902.

1920 La ligne ferroviaire est électrifiée.

1954/1957 Les gares d'Airolo et de Göschenen sont aménagées pour permettre le chargement de voitures sur les trains.

1980 L'ouverture du tunnel routier du Saint-Gothard entraîne la disparition du transport de voitures sur les trains, surnommé « chaussée roulante ».

Tunnel de base du Saint-Gothard (TBG)

1947 Eduard Gruner, ingénieur bâlois visionnaire, imagine un tunnel de base pour le chemin de fer et la route, entre Amsteg et Biasca. Une variante va jusqu'à prévoir un tube à deux étages: le niveau supérieur pour les voitures, le niveau inférieur pour les trains.

1989 Le Conseil fédéral décide d'adopter la « variante réseau ». Celle-ci comprend le tunnel de base du Saint-Gothard, le tunnel de base du Lötschberg et, pour mieux raccorder la Suisse orientale au reste du réseau, le tunnel du Hirzel. La réalisation de ce dernier ouvrage et d'autres lignes d'accès est remise à plus tard.

1992 Avec l'Accord sur le transit Suisse-Union européenne, la Suisse s'engage à améliorer le transit à travers les Alpes.
   Le peuple suisse accepte l'arrêté fédéral relatif à la construction de la Nouvelle ligne ferroviaire à travers les Alpes (NLFA).

1995 Après les premiers forages, le tracé du tunnel de base est établi et validé.

1998 La société AlpTransit Gotthard SA, filiale des CFF, est fondée.

1999 Début officiel de la construction du TBG sur le versant nord des Alpes: les travaux de forage pour la construction d'une galerie d'accès commencent à Amsteg. L'année suivante, on lance les travaux du côté tessinois, avec les premiers forages à l'explosif à Bodio.

2010 L'installation de la technique ferroviaire commence dans le tube ouest, en partant du portail sud. En 2012, la voie, la ligne de contact, l'alimentation électrique, les équipements de télécommunication et de sécurité sont en place sur tout le tronçon.

15 octobre 2010 Un record mondial est établi au Saint-Gothard. En réalisant la jonction du tube est, le TBG est désormais creusé de bout en bout sur une longueur totale de 57 kilomètres.

2014 La phase d'exploitation expérimentale entre Bodio et la station multifonctionnelle de Faido est terminée. Sur cette partie de tronçon, d'une longueur de 13 kilomètres, les trains circulent à une vitesse atteignant les 220 km/h.

2016 Ouverture du TBG en juin. À partir de décembre, les trains circulent selon l'horaire dans le nouveau tunnel du Saint-Gothard.

2020 Mise en service du tunnel de base du Ceneri et exploitation normale (prévision).

SBB CFF FFS

Konrad Beck
Voyage au cœur du Saint-Gothard, le nouveau tunnel ferroviaire en images
Collaboration pour la mise en couleur des planches: Milan Hofstetter
Textes: Hans ten Doornkaat

Titre original: Durch den Gotthard, Bau und Betrieb des Gotthard-Basistunnels
Copyright © 2016 Atlantis-Verlag
an imprint of Orell Füssli Verlag AG, Zurich, Switzerland
www.atlantis-verlag.ch
Édition autorisée sous licence accordée à Rossolis Sàrl, Bussigny
Version française: Voyage au cœur du Saint-Gothard
© 2016 Rossolis, 1ʳᵉ édition
Rue Montolieu 5, CH-1030 Bussigny
www.rossolis.ch, rossolis@rossolis.ch

Impression: Grafisches Centrum Cuno, Calbe. ISBN 978-2-940585-007

Ce livre a été réalisé en collaboration avec les CFF,
et avec l'aimable contribution d'Alp Transit Gotthard SA

Disponible également en allemand (Atlantis Verlag, Zurich) et en italien (Edizioni Casagrande, Bellinzone)

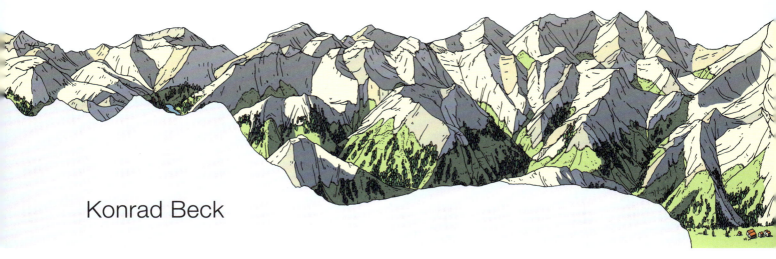

Konrad Beck

Voyage au cœur

du Saint-Gothard

Le nouveau tunnel ferroviaire en images

Rossolis

Bien avant le début des travaux de forage, des sites de montage doivent être aménagés. Des rails sont installés et des routes sont aménagées pour amener les machines et le matériel de chantier. Comme le tunnel de base aura une longueur totale de 57 km, deux principaux sites de montage sont prévus, l'un au niveau du portail nord et l'autre au sud. Pour raccourcir les trajets à l'intérieur de la montagne, des sites de chantier intermédiaires avec des galeries d'accès sont construits.

Gotthard-Basistunnel

AlpTransit Gotthard San Gottardo

Dépôt de gravier

Ciment pour le béton

Galerie d'accès vers le tunnel

Installation de transport pour les matériaux d'excavation

L'eau de la montagne est recueillie. Une fois refroidie et filtrée, elle peut être rejetée dans les cours d'eau.

Fourniture de courant

À côté des bureaux et de la cantine, on a construit des logements. La plupart des ouvriers habitent ici, car ils viennent de loin – beaucoup viennent de l'étranger.

Les machines utilisées sur le chantier sont si grandes qu'elles sont assemblées sur le site de montage ou à l'intérieur du tunnel. C'est le cas en particulier pour les tunneliers. Il peut arriver que quatre tunneliers soient simultanément en service dans le tunnel.

Bobines de câbles

Éléments du tapis roulant

Galleria di base del San Gottardo

AlpTransit

Conteneur bureau

Partie centrale de la tête de forage

Partie extérieure de la tête de forage

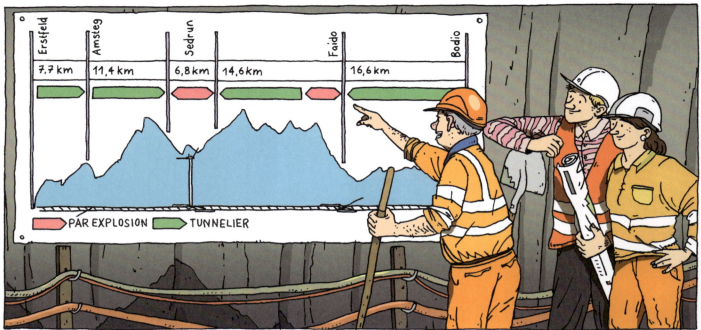

Les différentes couches de roches requièrent des techniques de forage distinctes. Selon le cas, on fait sauter un petit passage qui sera ensuite élargi ou l'on utilise un tunnelier pour forer sur toute la hauteur.

La trajectoire est vérifiée en continu au fur et à mesure que l'on avance à l'intérieur de la montagne afin de ne pas dévier du tracé prévu. L'arc du tunnel ainsi que les trous de mines sont dessinés sur les parois.

Le jumbo de forage est mis en marche: une fois positionnés correctement, les forets s'attaquent à la roche. Pendant ce temps, l'installation de ventilation purifie l'air.

Les trous de mine sont garnis d'explosifs. Les mineurs se mettent à l'abri et protègent leurs oreilles.

L'artificier déclenche l'explosion.
Dès que la fumée se dissipe, les matériaux d'excavation sont évacués.

Même dans les zones où le forage est effectué avec un tunnelier, les galeries perpendiculaires sont percées à l'explosif.
Ces galeries permettent de relier les tubes parallèles du tunnel.

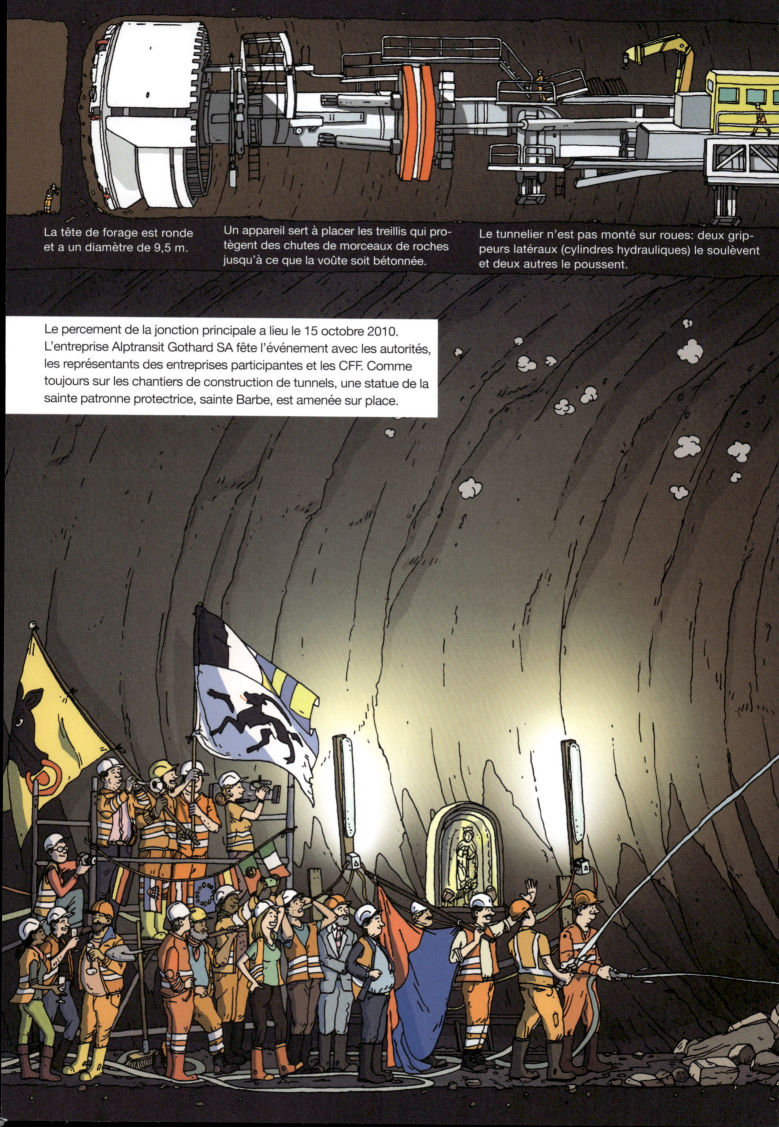

La tête de forage est ronde et a un diamètre de 9,5 m.

Un appareil sert à placer les treillis qui protègent des chutes de morceaux de roches jusqu'à ce que la voûte soit bétonnée.

Le tunnelier n'est pas monté sur roues: deux grippeurs latéraux (cylindres hydrauliques) le soulèvent et deux autres le poussent.

Le percement de la jonction principale a lieu le 15 octobre 2010. L'entreprise Alptransit Gothard SA fête l'événement avec les autorités, les représentants des entreprises participantes et les CFF. Comme toujours sur les chantiers de construction de tunnels, une statue de la sainte patronne protectrice, sainte Barbe, est amenée sur place.

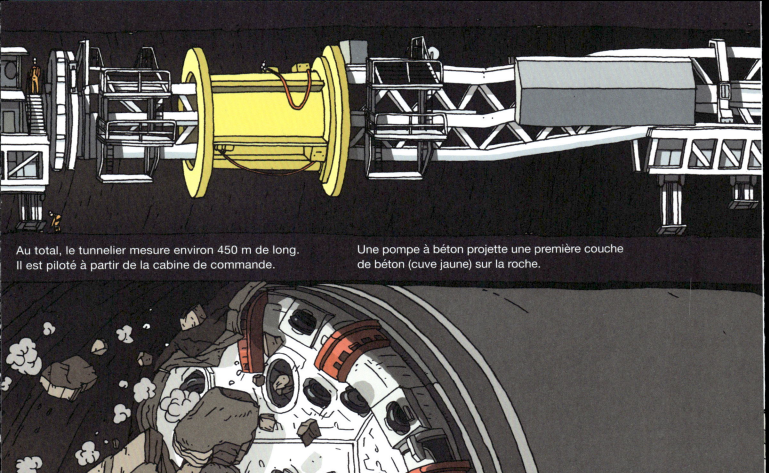

Au total, le tunnelier mesure environ 450 m de long. Il est piloté à partir de la cabine de commande.

Une pompe à béton projette une première couche de béton (cuve jaune) sur la roche.

Le tunnel de base du Saint-Gothard améliore les liaisons entre la mer du Nord et la Méditerranée. Grâce à sa faible déclivité, des trains de marchandises plus longs peuvent circuler, et à des vitesses plus grandes. Avec la construction de la ligne Lötschberg-Simplon et des tunnels de base du Saint-Gothard et du Ceneri, la Nouvelle ligne transversale NLFA réduit également les temps de parcours à l'intérieur de la Suisse.

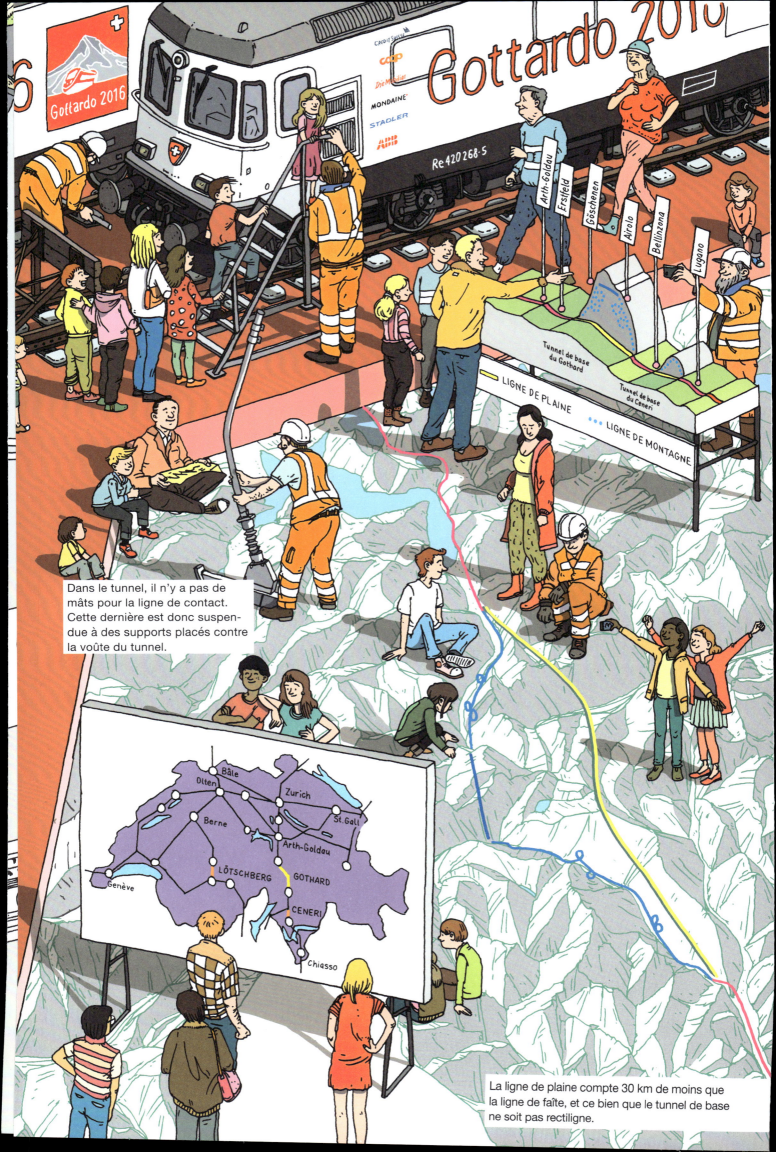

Dans le tunnel, il n'y a pas de mâts pour la ligne de contact. Cette dernière est donc suspendue à des supports placés contre la voûte du tunnel.

La ligne de plaine compte 30 km de moins que la ligne de faîte, et ce bien que le tunnel de base ne soit pas rectiligne.

La roche extraite est évacuée en continu du tunnel grâce à des convoyeurs à bande.

Les gravats ne sont pas évacués vers un autre site mais récupérés dans des installations de traitement conçues à cet effet.

Comme on ne peut faire du béton qu'avec du gravier rond, les blocs de roche sont réduits en petits morceaux qui sont ensuite polis et triés en fonction de leur taille.

Les gravats traités sont utilisés immédiatement pour
la construction du tunnel et pour les structures en béton,
de même que pour les remblais des voies d'accès. En les
recyclant, on réduit les trajets de transport et on évite
de faire appel aux gisements de gravier naturel, diminuant
ainsi les risques de pénurie d'approvisionnement pour
d'autres chantiers.

Les matériaux propres qui ne peuvent pas être transformés
en béton sont évacués et utilisés pour la construction de
digues, d'îlots et de remblais.

Les gravats sont évacués. Une couche de béton projeté permet d'empêcher la chute de fragments de roche.

Les machines roulent encore sur les voies de construction. Des feuilles d'étanchéité prévues spécialement à cet effet sont déroulées et fixées

Les allées latérales du tunnel sont construites à base d'éléments préfabriqués. C'est là que passent les câbles et les tuyaux de la technique ferroviaire.

Les rails sont déchargés sur la voie de circulation et soudés.

Des feuilles de plastique redirigent l'eau de montagne vers le tuyau d'évacuation. Le radier du tunnel est bétonné.

Tronçon par tronçon, la voûte de béton de 30 cm d'épaisseur est alors coulée derrière le coffrage.

Seuls les câbles électriques pour l'éclairage du chantier sont accrochés à la paroi. La main courante et l'éclairage de secours sont montés, tout comme les portes qui permettent d'isoler les galeries perpendiculaires.

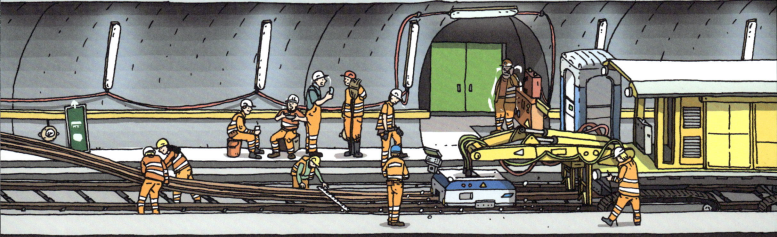

Même s'il est désormais plus aisé de sortir et de rentrer dans le tunnel, les ouvriers prennent leur pause déjeuner sur place.

Les traverses sont livrées par groupes prémontés puis déchargées. À l'aide d'appareils de levage mobiles, les blocs de traverses sont disposés avec une extrême précision.

Les traverses sont ensuite posées et bétonnées sur la voie de circulation. Une centrale à béton, la première jamais construite sur un train, permet de fournir du béton frais d'excellente qualité.

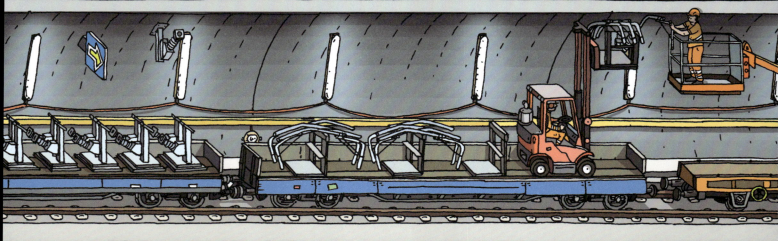

Au total, ce sont 2860 supports de ligne de contact qui sont installés contre les parois du tunnel.

On fixe le câble métallique sur lequel est accroché le fil de contact. Les appareils techniques comme les systèmes de refroidissement et de ventilation sont installés dans les galeries intermédiaires.

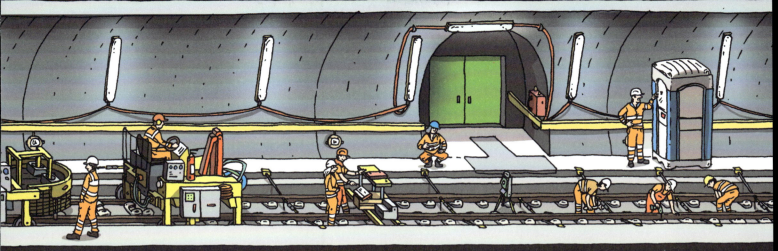

Le wagon de mesure effectue ses contrôles au millimètre près, car la fixation des rails ne peut ensuite plus être corrigée.

À l'intérieur de la montagne, il fait chaud. Pour cette raison, le béton coulé doit immédiatement être couvert. Il sèche ainsi plus lentement, réduisant le risque de fissures.

L'aménagement des galeries perpendiculaires se poursuit en parallèle. Ici aussi, la main courante et l'éclairage de secours garantissent la sécurité en cas d'incident.

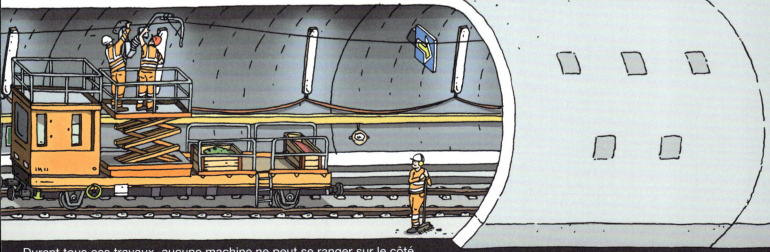

Durant tous ces travaux, aucune machine ne peut se ranger sur le côté ou faire demi-tour. Pour cette raison, chaque étape du travail a été simulée au préalable sur un tronçon de voie.

C'est la « journée portes ouvertes » dans un des centres de maintenance et d'intervention des CFF. Un train d'extinction et de sauvetage est stationné à chaque portail du tunnel.

En cas d'alerte, les voyageurs sont conduits hors du tunnel à l'aide d'un véhicule de sauvetage ou d'un train d'évacuation.

Le véhicule matériel et le wagon d'extinction sont équipés de pompes à eau et à mousse.

Le matériel pour les travaux d'entretien est transporté sur des wagons spéciaux vers le lieu d'intervention où ils sont déchargés. Ces travaux sont surtout accomplis pendant le week-end et la nuit.

Le véhicule de diagnostic va reconnaître sur place les éventuels dégâts. Si l'on ne peut attendre la prochaine phase d'entretien pour y remédier, une réparation à court terme est planifiée de manière approfondie et exécutée pendant les heures de faible affluence.

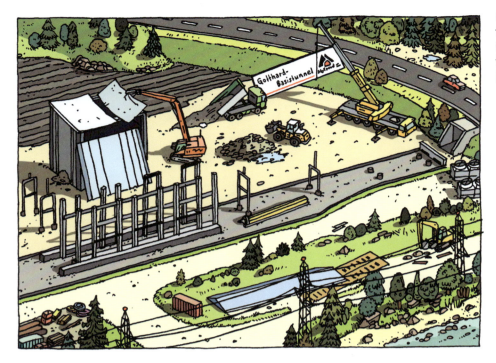

Une fois le gros œuvre terminé, le démontage peut commencer. Pendant qu'on installe les équipements de technique ferroviaire, on commence déjà la désinstallation des sites de montage.

Dans la mesure du possible, les terrains sur lesquels se trouvaient des machines de chantier, du matériel ou encore des appareils servant à traiter les gravats sont réutilisés à des fins agricoles.

Au fil du temps, les oiseaux migrateurs découvrent de nouvelles aires de repos sur leur chemin vers le nord ou le sud.

Au final, il a fallu attendre près de six ans pour effectuer le percement de la jonction principale. Les travaux de démontage nécessitent encore du temps, tout comme les tests de l'ensemble des installations et des équipements de sécurité. De nombreuses courses d'essais sont en outre effectuées sur la nouvelle ligne du tunnel de base.

En juin 2016, le tunnel de base du Gothard sera inauguré dans le cadre de différentes festivités. Et bientôt, passagers et marchandises pourront emprunter le tunnel tous les jours.

Tu sais désormais pourquoi ce tunnel est appelé le « chantier du siècle ». Et qui sait, peut-être que tu penseras à tous ceux qui y ont contribué la prochaine fois que tu le traverseras ?

Au plus fort de son activité, le chantier du Saint-Gothard a mobilisé près de 2400 personnes.

Géomaticien/ne

Qui dit chantier d'envergure dit planification, et qui dit plan dit mensuration. Les géomaticiens font partie de ces spécialistes qui commencent à travailler sur le site alors que tout reste à faire. Ils établissent un relevé des altitudes et des distances à l'aide de systèmes de mesure optique et électronique, sans oublier les fréquences radio. Les données ainsi collectées servent de base aux calculs des données de positionnement et d'altitude figurant sur les plans.

Les géomaticiens doivent non seulement maîtriser les différents programmes de calcul, mais aussi être capables de travailler sur le terrain. Leur contribution est aussi essentielle en montagne. En effet, ce sont eux qui définissent la direction des travaux pour les machines et contrôlent le respect des directives. Le métier de géomaticien s'acquiert dans une haute école, une haute école spécialisée ou par un apprentissage.

Les géomaticiens interviennent également après la mise en service d'un tunnel pour vérifier si la pression exercée par la montagne modifie la forme des tubes et si des travaux d'entretien ou d'adaptation s'avèrent nécessaires. Il en va de même pour les ponts et les ouvrages de protection. En bref, les géomaticiens surveillent en permanence le réseau ferroviaire CFF et déterminent les bases de planification valables pour tous les projets de construction.

Ingénieur/e civil/e

Les ingénieurs civils sont responsables de l'ensemble du réseau ferroviaire des CFF. Près de 6000 ponts et 300 tunnels, auxquels s'ajoutent toutes les gares, les ouvrages antibruit et de protection, doivent être régulièrement entretenus, rénovés ou agrandis. Les ingénieurs civils collaborent avec des architectes et d'autres ingénieurs pour accomplir cette mission.

À lui seul, un chantier demande beaucoup d'organisation: quelle tâche doit être terminée pour que la suivante puisse être lancée? Comment transporter le matériel? Où l'entreposer en attendant qu'il soit utilisé?

Bien entendu, les ingénieurs civils sont impliqués dès le début des projets: ils réalisent les plans, cherchent les meilleures solutions possibles avec d'autres spécialistes et tiennent toujours compte des mesures de sécurité et des prescriptions légales. Ils sont également responsables de la planification, calculent et supervisent les coûts, répartissent les mandats, coordonnent le travail des entreprises impliquées et contrôlent que les délais planifiés soient tenus. Les personnes qui travaillent dans ce domaine ont étudié dans une haute école spécialisée ou à l'université. Ils partagent leur temps entre les séances et le travail à l'ordinateur. Ils se rendent également sur les chantiers: leur vision d'ensemble est indispensable pour assurer que les travaux avancent comme prévu.

Mineur

Les mineurs travaillent dans des lieux où personne ne s'est encore rendu. Au front de taille, là où la roche est attaquée, les mineurs avancent mètre après mètre en territoire vierge. Bien entendu, la pioche n'est presque plus utilisée. Les mineurs travaillent à présent avec d'imposantes machines de chantier utilisées pour le forage. Pour la plupart, ils acquièrent d'abord de l'expérience dans la construction, comme maçon ou mécanicien, puis se spécialisent auprès d'une entreprise de forage de tunnels. Certains d'entre eux deviennent ensuite conducteurs d'engins ou maîtres artificiers.

Sur les chantiers d'envergure, les mineurs forment des équipes et se relaient en tournus. À l'intérieur du tube, l'obscurité serait totale sans projecteurs et il fait très chaud, même au plus fort de l'hiver. Le travail au cœur de la montagne renforce les liens entre les mineurs. Dans une équipe, chacun doit pouvoir compter sur l'autre, que ce soit pour la gestion des explosifs ou pour le coulage du béton. Les mineurs d'une même équipe passent beaucoup de temps ensemble au travail. Éloignés de leur famille, ils se retrouvent aussi pour manger et dorment dans les mêmes logements.

Vous voulez en savoir plus sur les différentes étapes de la construction et les travaux spécifiques dans le tunnel de base du Saint-Gothard? Vous trouverez des informations complémentaires sur le site: www.alptransit.ch. Consultez la rubrique « Médias » pour visionner les films (en ligne jusqu'en 2020).